Elsa Brants Nykko

LILY

Joyeux anniversaire, Princesse !

puceron

Pour mes petites princesses :
Eileen, Adriane et Sophie.

Elsa

Pour Messires Léo et Noé
au service de leur reine Sabine.

Nykko

Conception graphique : Dogstudio.be

D.2009/0089/35 — R.9/2012.
ISBN 978-2-8001-4358-3

Imprimé par Proost.

www.dupuis.com

PEFC-Certifié
Ce livre est issu de forêts gérées durablement, de sources recyclées et contrôlées.
PEFC/07-31-241
www.pefc.org

Powered by DALIM SOFTWARE

1

2

3

4

6

7

8

9

12

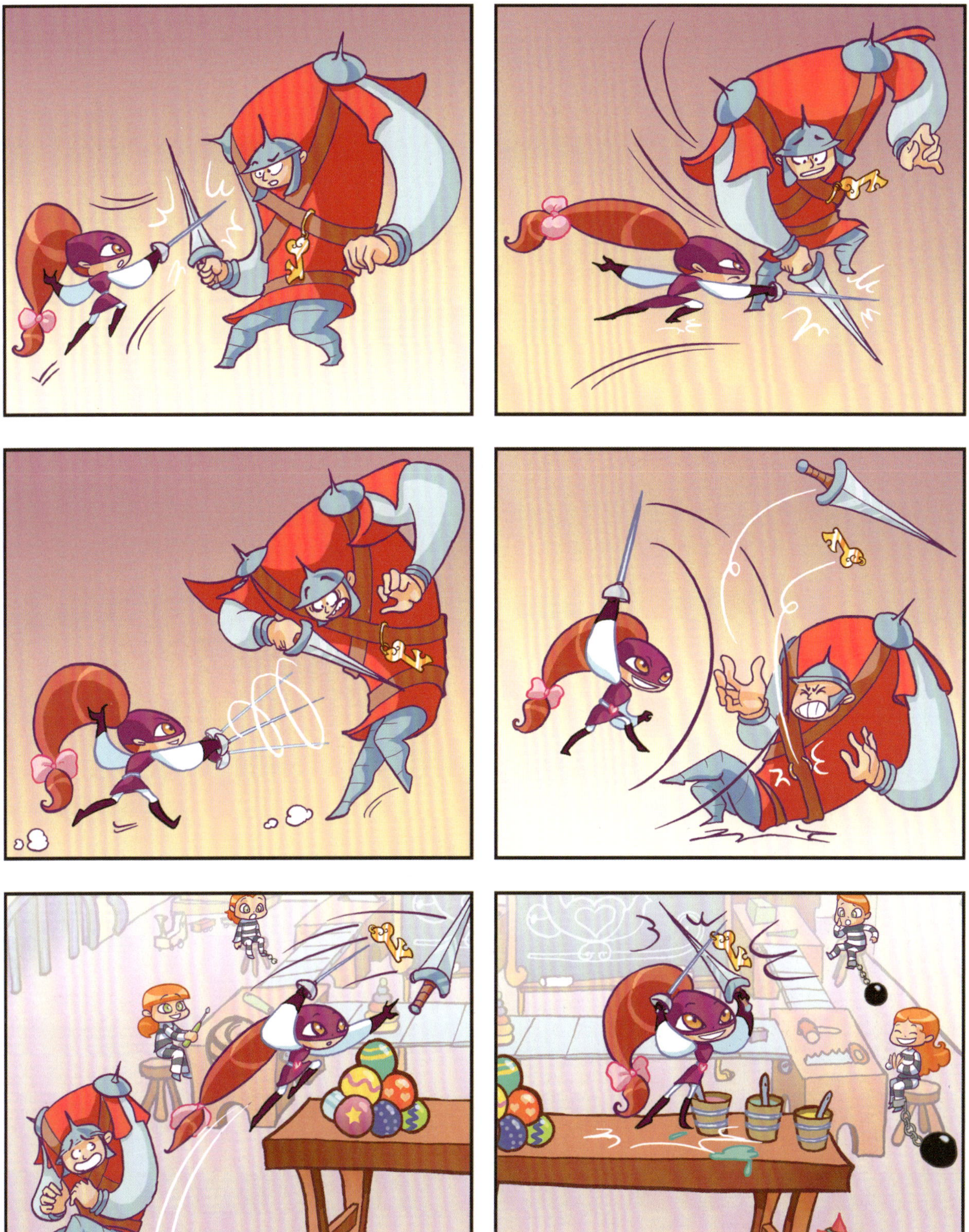

13

15

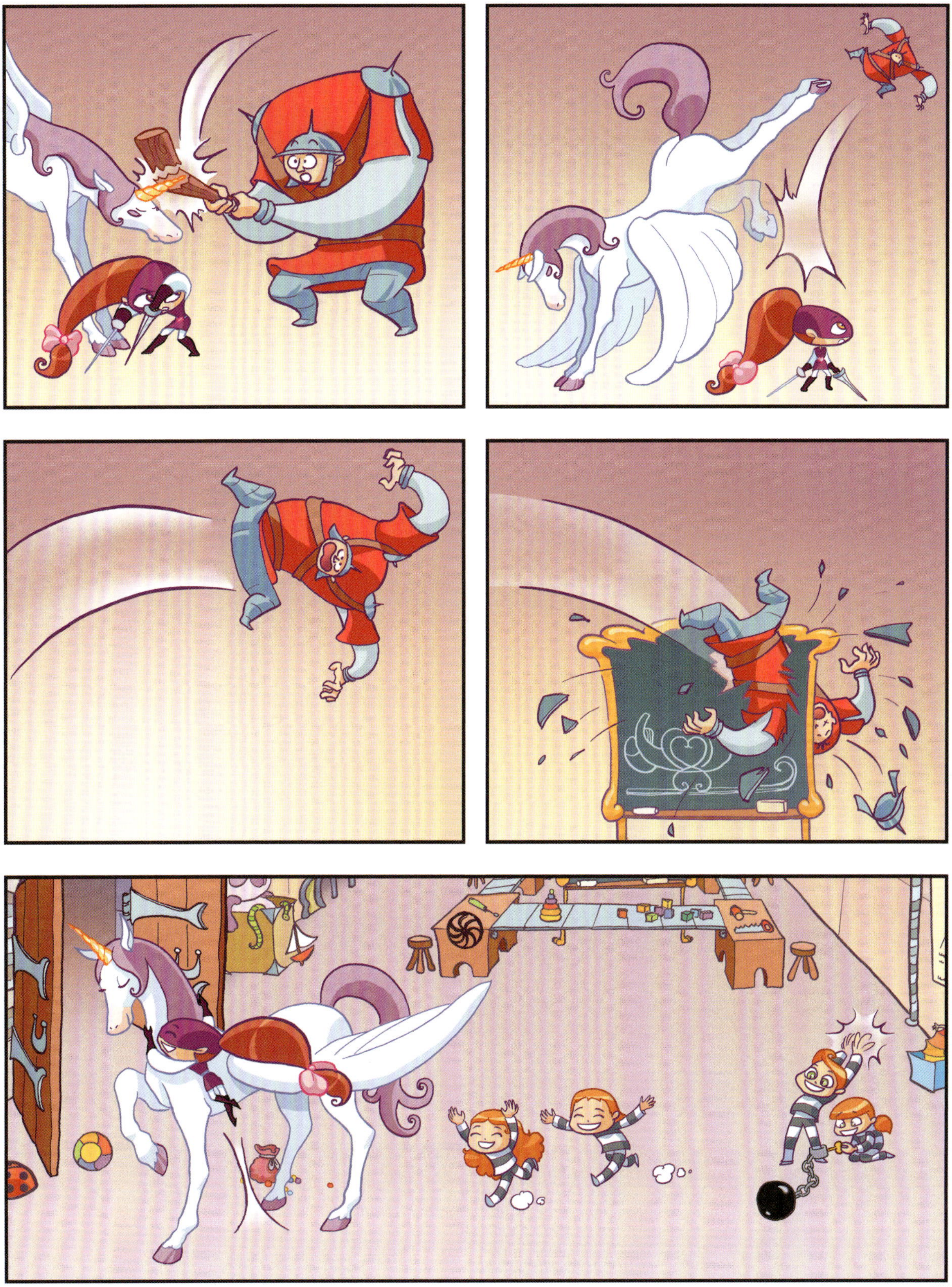

Lily

19

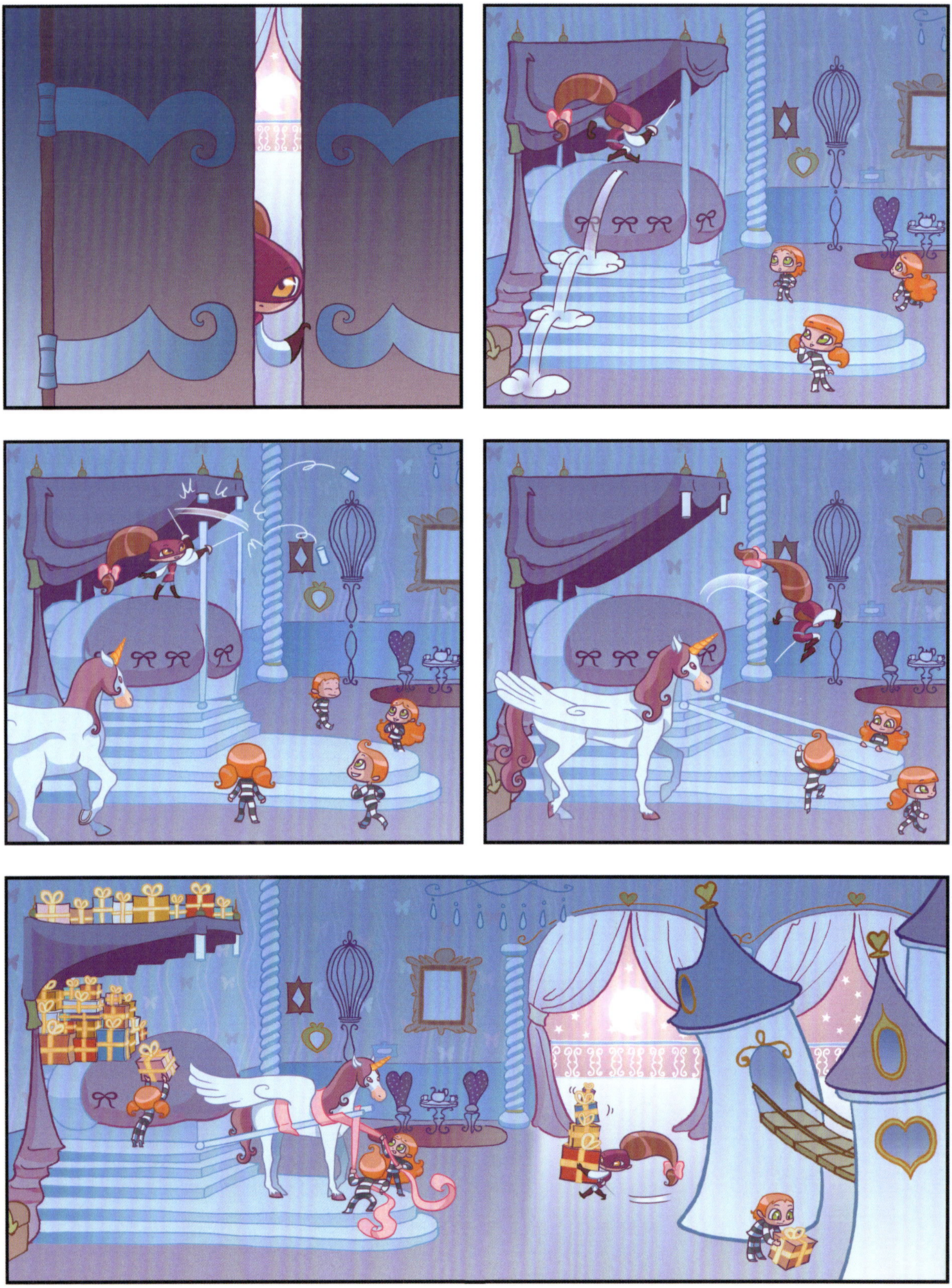

LA COLLECTION PUCERON
à lire seul à partir de 3 ans

PETIT POILU

1. La Sirène Gourmande
2. La Maison Brouillard
3. Pagaille au potager
4. Mémé Bonbon
5. La tribu des Bonapéti
6. Le cadeau poilu
7. Kramik la canaille
8. La forêt des Ombres
9. Le trésor de Coconut
10. Amour glacé
11. L'hôpital des docteurs Toc-Toc

HUGO

1. Le croque-mouton
2. La Sorcière Grenadine
3. L'arbre à bisous
4. Le supermatou
5. Je ne veux pas faire la sieste !
6. Je veux des copains !

LA VAVACHE

1. Plif ! Plaf ! Plouf !
2. Tagada tsoin tsoin
3. Cousin Pinpin
4. Le mourf
5. Râ !

LILY

1. Joyeux anniversaire, Princesse !
2. Le peintre fou
3. Bébé en cavale
4. Des amours de dragons

MÉCHANT BENJAMIN

1. Ah non !
2. Pas beau !
3. Brutus
4. Bébé Nougat
5. Je veux tout !
6. Beurk, le chou-fleur
7. Papa pouet pouet

LE PETIT MONDE DE PÈRE NOËL

1. Elle veut changer Noël
2. Une nuit au grand magasin
3. Le calendrier infernal

TITOSS & ILDA

1. Pirates en vue !
2. Capitaine Tornade
3. Sauvez Moby !